SYSTÈME GÉNÉRAL

DE

LECTURE

AVEC OU SANS ÉPELLATION

SOIT ANCIENNE, SOIT NOUVELLE

PAR

L.-A. RAGACHE,

Directeur de l'Ecole Supérieure de Mouzon, (Ardennes.)

A L'USAGE DES ÉCOLES PRIMAIRES, DES SALLES D'ASILE ET DES CLASSES D'ADULTES.

C'est en lisant que l'on apprend à lire.

PREMIÈRE PARTIE. — CONSONNOLOGIE.

TOME PREMIER.

PREMIÈRE ÉDITION.

SEDAN
CHEZ G. DEMEURAT, IMPRIMEUR-ÉDITEUR,
RUE MAQUA, 7,
ET CHEZ L'AUTEUR.
1859.

SYSTÈME GÉNÉRAL

DE

LECTURE

AVEC OU SANS ÉPELLATION

SOIT ANCIENNE, SOIT NOUVELLE

PAR

L.-A. RAGACHE,

Directeur de l'École Supérieure de Mouzon (Ardennes.)

À L'USAGE DES ÉCOLES PRIMAIRES, DES SALLES D'ASILE
ET DES CLASSES D'ADULTES.

C'est en lisant que l'on apprend à lire.

PREMIÈRE PARTIE. — CONSONNOLOGIE.

PREMIÈRE ÉDITION.

SEDAN

CHEZ G. DEMEURAT, IMPRIMEUR-ÉDITEUR,
RUE MAQUA, 7,
ET CHEZ L'AUTEUR.

1859.

SEDAN. — IMPRIMERIE DE G. DEMEURAT.

PRÉFACE.

Depuis long-temps, nous avons acquis la certitude qu'un grand nombre de nos confrères sont fatigués des méthodes de lecture actuellement en usage; nous sommes témoin aussi qu'il s'est produit parmi eux une tendance prononcée à revenir à l'ancienne épellation qui, entre autres avantages, présente celui de favoriser l'orthographe d'usage. C'est pourquoi nous nous sommes mis à l'œuvre; nous n'avons rien négligé pour répondre, autant que nous le pouvions, aux nouveaux besoins que nous voyions se manifester.

L'ancienne nomenclature des consonnes a ses imperfections; la nouvelle a les siennes, peut-être plus marquées, quoique moins remarquées par ses plus zélés partisans, et moins encore par les personnes qui s'en sont entichées.

L'ancienne épellation est nette et tout-à-fait fixée, la nouvelle est indécise et confuse. La première est sonore, distincte; la seconde est sourde, monotone; et la monotonie convient peu à l'enfance. La première est très-simple, la seconde est compliquée.

D'ailleurs, les imperfections que présentent les deux nomenclatures, tiennent principalement à la défectuosité de notre alphabet.

Mais il est bon de remarquer que ces deux nomenclatures et les deux épellations ou décompositions rivales, ne sont, en réalité, que de *simples procédés* dont l'importance est loin d'être en proportion avec tout le bruit qu'elles ont occasionné.

Avec notre alphabet défectueux, le point important c'est que les *noms* des articulations contiennent l'*effet* constant, ou l'*effet* principal qui naît de l'alliance des consonnes avec les voyelles, ou celui qu'elles produisent les unes sur les autres. Or ce point, autant qu'il est possible, est atteint par la nomenclature ancienne qui, quelquefois même, offre deux effets principaux : *effe, elle, emme, enne, erre, esse, ixe,* en sont des exemples.

La consonne **Q** est appelée **cu**, parcequ'elle est toujours suivie de la voyelle **u**, excepté dans *coq, cinq.* Le nom de la consonne **H**, que l'on écrit *ache*, en contient l'effet principal tiré de sa liaison avec l'articulation **c**, la combinaison **ph** étant beaucoup plus rare que **ch**. Partout ailleurs, la valeur de **h** étant, on peut dire, nulle, il est clair que cette lettre a été bien nommée.

La décomposition de **ch**, de **ph** et de **gn**, dès que l'on fait suivre ces trois combinaisons, de chacune des voyelles, n'est point une difficulté, attendu que les syllabes qui en résultent sont

en relief, font saillie sur les syllabes régulières,
et qu'alors les enfants en sont plus vigoureuse-
ment frappés.

L'expérience prouve que, bientôt, l'élève dé-
pouille instinctivement les *noms* des consonnes,
de tous les *sons* qu'ils renferment, pour n'en
retenir que l'*effet ;* c'est ce que nous appelons
acquérir le *sentiment* des consonnes.

Nous ne pouvons développer ici toutes les
raisons qui nous portent vers l'ancienne nomenclature et vers l'épellation de nos pères ; mais
cette préférence de notre part, hâtons-nous de
le dire, ne nuit point à l'enseignement de la
lecture, par notre **Système Général** qui est
indépendant de tel ou tel mode d'épellation.

On pourrait croire que l'opinion que nous
avons exprimée, fût le résultat d'un préjugé,
parceque nous aurions appris à lire par l'ancienne épellation ; ce serait une erreur, car nous
déclarons ici avoir étudié la lecture par les méthodes nouvelles, bien que l'ayant étudié aussi
par l'ancienne épellation : ce fait résulte d'un
changement de maître. Notre préférence, qui
n'est nullement exclusive, n'est que le résultat
d'une longue observation sur l'art d'enseigner
à lire *aux jeunes enfants,* par les deux systèmes.

Remarquons que, pour être logique, on ne
devrait point faire étudier les consonnes isolées,
mais que l'on devrait toujours les allier aux
voyelles, comme l'indique l'expression *consonne.*

La considération précédente amène forcément

cette conséquence que, dans un systéme rationnel de lecture, les consonnes doivent être anonymes, et que l'épellation ou la décomposition des syllabes, en voyelles et consonnes, ne doit pas être admise, mais que ces éléments des mots doivent être appris tout d'une pièce : c'est là la méthode sans épellation.

En approfondissant cette question, sous le rapport pratique, on est conduit à cette conclusion étrange, que l'ancienne épellation n'est autre chose que la méthode rationelle ou sans épellation, mais améliorée.

Pour nous convaincre de la vérité de ce paradoxe, supposons qu'il s'agisse de faire étudier le mot *stras* ou toute autre syllabe. Par la méthode sans épellation, un *bon* élève examinera *l'ordre* et les *formes* des caractères ; et ces formes éveilleront en lui, plus ou moins énergiquement, l'effet accoutumé que les consonnes produisent sur les voyelles et les unes sur les autres ; puis, aidé ou non, l'élève lira le mot.

Par l'ancienne épellation, l'élève nommera chaque lettre une à une, à haute voix ; au lieu de n'avoir, des consonnes, qu'une idée de sourd-muet, au lieu de n'être aidé que par la mémoire des yeux, il sera vivement frappé par l'*effet* de la consonne, *effet* contenu dans le nom de chacune ; à la mémoire des yeux se joindra la mémoire de l'oreille ; de plus, le maître sera assuré que l'ordre et la nature des caractères ont été appréciés. Cette énonciation faite, l'élève se trouve *absolument* aux prises avec la méthode rationelle ou sans épellation.

Ainsi la méthode de nos aïeux est le perfectionnement du système le plus logique ; aussi est-elle l'œuvre des générations, et a-t-elle reçu la consécration des siècles.

Il ne manquait à l'ancienne méthode qu'un meilleur ordre dans les exercices. Cette lacune est comblée par le *Système Général de Lecture*.

Nous ne disons rien de ce *Système Général*, le public le jugera ; chacun pourra apprécier les difficultés qu'il s'est agi de surmonter, pour simplifier l'étude de la lecture, à l'aide d'une phraséologie abondante et très-riche en applications directes, sans présenter ni exception ni anomalie, et construite au moyen seulement d'un fort petit nombre de syllabes.

Nous pensons que lorque les élèves auront parcouru, d'une manière convenable tout notre *Système Général*, ils seront aptes à lire couramment un livre quelconque, paroeque, de bonne heure, ils seront familiarisés avec cette sorte de lecture, qui est le but des efforts des maîtres.

Nous ne nous dissimulons pas qu'il faudra quelque soin, pour les habituer, de prime abord, à suivre sur le livre, mais il en faut toujours par les autres méthodes, même après les avoir bien suivies. Les tableaux contenant simplement les exercices de lettres, de syllabes ou de mots, accompagneront chaque douzaine d'exemplaires, prise pour la première fois.

L'attention est la qualité la plus précieuse de l'élève : nous préférons le livre aux tableaux, *pour la lecture courante*, parce que le livre force l'élève à suivre attentivement, si le maître l'exige ; tandis qu'avec les tableaux, l'élève qui lit à haute voix, est presque le seul dont l'attention soit excitée.

Le grand nombre de phrases ainsi que leur contexture, s'opposent à ce que les élèves lisent de mémoire, et les forcent à travailler constamment.

SYSTÈME GÉNÉRAL
DE LECTURE

AVEC OU SANS ÉPELLATION, SOIT ANCIENNE SOIT NOUVELLE.

✳✳✳✳✳✳✳✳✳✳✳✳✳✳✳✳✳✳✳✳✳✳✳✳✳✳

PREMIÈRE PARTIE.

PREMIÈRE LEÇON.

Le Maître ou le Moniteur est placé derrière les élèves, afin de s'assurer facilement que chacun *suit* la leçon.

§ I.

Voyelles Simples. (Mineures brêves.)

o, i, a, u.

é, è, e, à.

§ II.

Voyelles longues. (Mineures.)

â, ê, î, ô, û.

§ III.

Diphthongues simples. (Coulez ou liez.)

ia, ié, io, iu, iè, ui.

§ IV.

Diphthongues terminales. (La voyelle e
se prononce faiblement.)

ie, ue, ée, éée, uie, uée, iée.

§ V.

Voyelles simples. (Majeures.)

A, E, É, È, I, O, U.

2me LEÇON.

§ I.

Consonnes mineures et majeures.

b, d, f, j, l, m, n.

B, D, F, J, L, M, N.

§ II.

Syllabes directes ou formées d'une consonne suivie d'une voyelle. (Majeures
et mineures.)

Cet exercice s'apprendra d'abord horizonta-
lement, puis verticalement, ensuite dans diffé-
rents sens, enfin, sans ordre apparent. On
l'épelle d'abord, on le *lit* ensuite.

BA	be	bé	bè	bi	bo	bu	ba
DU	do	di	dé	dè	de	da	du
FO	fé	fu	fi	fe	fa	fè	fo
JE	j'i	jè	ju	ja	jé	jo	je
LÉ	lè	le	la	lò	lu	li	lé
MÈ	mu	ma	mo	mé	mi	me	mè
NI	na	no	ne	nu	nè	né	ni

Ce tableau demandant à être su d'une manière complète, afin de pouvoir lire, on s'assurera que l'élève le possède bien, en lui faisant
lire l'exercice supplémentaire n° 1, à la fin du
volume.

§ III.

Syllabes pour se familiariser avec l'apostrophe.

d'a, j'o, l'è, m'u, n'i, s'é, t'ê.

T'A, S'O, N'U, M'I, L'É, J'U, D'È.

3ᵐᵉ LEÇON.

§ I.

Lecture de mots et de membres de phrases divisés en syllabes.

(Épeler d'abord, lire ensuite.)

Du ba ba, le bo bo, le da da, le bo a, à lui, la du ne, u ne a mie, le mê me, de la mê me, d'u ne la me, à l'a mi, à l'a me.

A Ba de, de Bâ le, l'a lê ne,

le bo ni, le bu ba le, le
dé da le, le do mi no, l'é di le,
déjà, de la dî me, le dô me,
l'é lu, É o le, l'É o lie, la
fa mi ne, la fée, le fi dè le,
l'é bè ne, une da me.

La di No é mi, le fo lio,
la fu mée, I da, I da lie,
l'i dée, I é na, l'i di o me,
l'i do le, l'i o de, l'I o nie,
la jo ni die, Ju da, la Ju dée,
de l'I du mée, la Mé die, le
ju bé, le Mè de, du ju ju be,
u ne buée, le ju bi lé, u ne
li a ne, fi li a le, u ne fi na le,

la diane, de la limonade, une à une, de là à là, piane-piane, le piano, le Nomade, le Numide, à la Numidie. Ali-Baba, de la Madone, le lobe, le môle, le mâle*.

§ II.

Une naïade, la mode, Médée, Médina, nominale, Modène, débile, nubile, délébile, Moline, Némée, une anémone, Amélie, la Nubie, la maladie, Émilie, Adèle, du modèle, Adeline,

* Ne passer à un autre § que quand le précédent est bien su.

de la mule, l'île de Fionie, le monomane, Adelina, le démonomane, l'idolomane.

Jude, Émile, l'île de Bali, une menée, une idée, la débine, Mélanie, une anomalie, l'aliénée, Julie,

Le minime, le défilé, la fiole, Élodie, le mélibée, la foène, l'ino, la lime, l'oléïne, la banane, Alodie, la néoménie, une badiane,

Aline, Danaé, Idoménée, Énée, le diadême, une obole, Léonie, l'abîme, l'alidade, une ode, Diane, Élie, le module, le duo.

Une ânée, Adélaïde, de l'ame, une maline, de l'ani, le délié, une duobole.

§ III.

Unanime, Léonide, une fuie, Madame, Diomède, Remi, Sabine, Amédée, à la file, à nu, à none, Noé, Lia, la fêne, la mie, du modèle, une bobine, de la jale; une jalée, la lubie,

Du monôme, l'Énéide, le démêlé, la dînée, le

menu, de la mélodie, une manie; le bubale; le lama; l'éale; une baladine; Dié; une bélière; le mobile.

Féline; l'île Fune; de la bile, l'aï; l'éléoméli; à demi; Miladi; féminine; de la nue; une nuée; de la malade.

Le dédale; domaniale; une mine; l'ibijaba; la momie; une babiole; une foliole; joli; une folie; anodine; une badine; du nafé; l'alude; une alume;

Éla; Lia; Joïada; lui-même; la mêlée; l'oléïne; l'iode; l'alumine; une babine.

§ IV.

L'ami du malade; la jolie Aline; la fine Amélie; la bobine d'Émilie; le dé de Mélanie; la menue Adèle; du même à la même; une malade débile; l'amie de Julie; l'ami fidèle de Lié; la finale féminine; une mélodie banale; la félonie de Dalila; la badine de Jude; la foène d'Émile; la bobine filée; la finale élidée; de la monomanie; à la démonomanie; la folie de l'idolomanie; de Lié à Élie.

La fiole de Noémie; la lie de la jale; la fumée diminuée; une badine énodée; la foliole lobulée; l'amie d'Émilie; l'ami de Lode; le fidèle ami de Bède; Émile a défini : lobe, lobé, lobulé, lobiole, lobélie; la dîme abolie; une mine à Bone; de l'alibi.

§ V.

Lecture courante, de phrases, sans séparation des mots en syllabes.

Jude a modifié le modèle.

Le minime a béni la jolie madone. La mêlée a déjà fini de même. La folie de l'édile a diminué. La manie d'Adelina lui a nui. Jude a nié le boni. La lune a déjà lui. Une amie de Mélanie m'a dû une obole. La fée l'a muni du diadême. La dodine a nui à la malade. L'ami d'Amédée l'a dodiné. Amène-le à la dune. Élimine le duo.

Aline m'a édifié. L'éléoméli a diminué la maladie de Noémie. Le minime a béni le jubé. Amélie a bué une bélamie. Bède a limé le dé de Mélanie. Léonie a fini le modèle. Julie m'a obéi. L'âme m'anime. Émilie m'a fuie. L'âne a fui la mule. Elie a lu à l'alinéa. Madame amène la mode. Léonie a imité la momie.

§ VI.

Madame a mu l'alidade. L'ami de Jude a limé une

lame. Ladi Émilie m'a badiné. Émile m'a défié. Léonie a défilé sa mule. Bède a fumé. L'âne a mené une jale d'ale. Je me défie du boa. Julie a fini sa bobine. Adèle a de la bile. Émile a la mine féminine. Madame a la maladie de Noé. Adelina a le domino d'ébène. La dame a déjà fini le modèle. Lié a lu l'Iliade. Je délie une liane de Nubie. Je manie déjà l'alêne. Je diminue déjà ma finale. Lui-même a démoli le môle. La

Judéc a abominé l'idole. Jude manie déjà la lime. Élodie a émié le baba.

J'élimine le mônome. Aline a édifié le minime. Léonie, même, a lu l'Énéide. De là, je domine la dune. Émilie a une lubie à l'idée.

§ VII.

Ma Julie a filé une bobine. A midi, je dîne à demi. Adèle a démêlé Léonide. Adelaïde m'a amené une fine lame, l'amie de Léonide.

L'ami de Jude a dîné d'une

banane. L'idée émane de l'âme. Le minime a modifié la manie du démonomane. La malade a bu une fiole de limonade. Émile m'a dédié une babiole. L'idée finale émane de Lée. Élie, muni de sa badine, a fêlé la fiole. Le modèle émane de lui.

Je modifie ma fade mélodie. J'aliène ma fumade domaniale. Je te dédie ma banale mélodie. Je démêle l'idée du monomane. l'émule d'Emile a modelé une Diane. Le duo

a ému le mélomane. Je me
mêle de la manie du mélo-
mane.

§ VIII.

Lié a mené ma mule à l'île.
La maladie a miné Léonide.
Élie a mené Jude à la demi-
lune. Lui-même m'a défié. Je
ne me défie ni du bubale, ni
du dama, ni même de l'éale.

Je me défie de l'ibijaba. Je
ne me mêle ni de la dînée,
ni du menu. La Judée a do-
miné l'Idumée. Alodie ne l'a
ni dodiné, ni dodeliné, ni

adolé. Adeline n'a nié, ni dénié la lubie ni la folie de Noémie.

Adèle a mêlé l'oléine à la limonade. Jude a uni une danaé à l'ula de l'île, à une liane de Numidie. Élodie a émié la mie, émié même le baba de Mélani.e Aline n'a ni filé, ni défilé, ni bobiné, ni bué, ni même obéi à Madame. M'amie Léonide, Noémie n'a ni bu, ni dîné, ni lu. Ma jolie ode a ému Adeline : je la lui dédie.

§ IX.

Je ne manie ni la foène, ni la ménole, ni la lime. Lode a lié l'âne à la mule. Jude a adulé l'Édile élu. Élodie a fané à la foène. L'amie d'Aline a déjà filé, déjà même bobiné.

Élie n'a modelé ni Danaé, ni Idoménée, ni Énée. Jude m'a mené à Dôle, à Bade, à Bâle; de là, à Modène, à Lima. Le nomade, né Numide, a déifié la lune. Diminue la foliole médiale du modèle.

Une fée a édifié le dédale. La malade a lu l'Ame Fidèle. Jude ne m'a mené ni à Médine ni à Médina.

Le nomade n'a dîné ni d'une banane, ni de nafé. Éole n'anime ni la nue ni la nuée. Élie a muni Émilie d'une fiole d'éléoméli. Jude a manié une jale d'élémi. Madame, Mélanie a élimé ma maline. Adélaïde dîne de nafé, à midi.

§ X.

Amélie a déjà lu l'ode d'Émilie. De là, le Mède

domine le défilé de l'Ida. Émile a lié la buade de la mule. Lié a jubilé de la débine de Jude. De là, le Numide domine le defilé de l'Idalie. Bède délie la buade de l'âne. Noé a manié une lame nue.

Mélanie, née débile, a l'âme délébile. Une dame amena Alodie déjà inanimée. Aline a nué le modèle. La débine de Noé m'a miné. Madame a dilué la limonade. Jude a éludé le démonomane. J'a-mène une dame malade, débile. La maladie de la mélide a nui à l'âne.

Julie a madifié la mie du baba. Une dame a bonifié la jalée d'ale. Mélanie lui a lu une monodie. Le numide a défié le nomade. Noé a dolé la jale. La débine d'Élie m'a nui. Adèle a éludé le défi d'Adelina.

§ XI.

Julie m'a aliéné l'ame d'Émilie. Adélaïde madéfie une fane d'afé. L'ami de Noé n'a ni amodié, ni aliéné la fumade domaniale. Je madéfie une foliole d'aluine.

Adélaïde a mêlé l'alumine à l'iode. Alodie, la fidèle amie d'Élodie, a une lubie badine. Je limone une lolie. Aline m'a lu une ode anodine. Le nomade a fumé une babine de lama. Amène une demi-émine. La félonie a modifié l'idée féodale.

Noémie se démène déjà. Jude a élidé la finale féminine de féale, féodale, filiale, idéale, linéale, nominale, animale, banale, labiale. Le mélomane a modulé une jolie mélodie. Adélaïde a nié la démono- manie de l'idolomane. Noé a mu le jade amené de la mine. Adèle a défilé la jolie maline d'Adeline. Léonide m'a dé- muni de ma badine. Madame a lu l'idiome de la Judée.

§ XII.

L'idolomane a déifié la lune. Aline a dilué la lie de la jale : la mule l'a bue. L'âne a bu une demi-jalée. Adélaïde a nié l'idolomanie du démono- mane. Miladi Julie a lu l'idiome de la Nubie. Lié élimine la finale féminine de bonité, amonie, amomie, labiée, unilabiée, bonifiée. Elie a nui à Léonie : je ne la lui mène, ni je ne la lui amène. Noé a défini : unanime, folio, labile, mobile, mime, néoménie. Lode a fui Elie : je ne le lui mène, ni ne le lui amène. Mélanie a nui à l'amie fidèle Julie ; Mélanie l'a même fuie. Diomède a mijoté le lulu dodu.

Amédée a bué le lé de mélie.

Amédée a bu du nafé. Lode a ébéné le domino. Le mime a la mine baladine. Amédée a laminé une lame. Julie a lu l'ana de Léonie. Lié a là une idée léonine.

§ XIII.

Le mime a la mine mobile. L'ami d'Amédée a dû la dîme féodale abolie. J'amène de Modène, un lama mâle. La maladie de Lia lui a amené une alalie. La moniale va à none. Je mène à Dié un dama mâle.

Je mène à Bude un éale mâle. Julie badine Emile le bébé. Je me démène, je m'anime, je te défie. Une jolie ladi mène à l'île Fionie, à l'île Fune le bénoni de Madame. Je me défie d'une menée de Jude. Le bidi-bidi n'a fui ni le féfé ni l'aï. La fumée émane de l'alume.

Dénuée d'idée, Noémie a obéi à une baladine. Je me fie à une fidèle, à une féale amie. Amédée a fumé de la dianée. Je me défie d'une amie féline. Ma badine amie m'a amené une baladine. Ladi Emilie a l'u l'ana de Miladi Julie. Amédée à défini l'anomalie.

§ XIV.

Née débile, menue, jolie, la fine Alodie a déjà défié la maladie. Madame me mène à Domène, de là, à Dié. La fumée a diminué. La limonia fane : la fumée lui a nui. La fumée a fané une lumie. La maladie a miné la jolie Miladi.

Une amie de ladi Adèle a modelé une momie. La dame m'a abèli. Je me dédame. L'âne a bu à l'abée. L'Idolomane abomine le démonomane. Je dame une dame d'ébène. Amédée a modifié la bélière. L'amie de ladi Adelaïde a bué un lé de mélie, à la Dée. Le Danube a miné ma fumade.

Le lulu a déjà mué. La débine de Jude m'a abîmé. Je me fie à l'alibi de l'ami de Jude. Je mène Bénoni à Lodi.

La jolie Adèle se fane déjà.
Amédée a bu une demi fiole
d'aï. Le Mède a fui la Judée,
l'Idumée, la Numidie, la
Nubie, la Médie même.

4me LEÇON.

Le succès du système exige impérieusement
que l'on n'étudie chacune des deux parties de
ce paragraphe, que pendant la première moitié
du temps employé matin et soir à cette nouvelle leçon, et que l'autre moitié soit réservée
pour revoir les leçons précédentes : ce que l'on
apprend ne doit point faire oublier ce qui a été
appris. En procédant autrement, non seulement on n'arriverait que difficilement à la fin
du système, mais encore, tout serait à recom-
mencer. C'est en allant lentement que l'on
avancera vite.

§ I.

On fait épeler suffisamment, puis on fait lire
ce paragraphe dans tous les sens, enfin, sans
ordre apparent. Cet exercice, demandant à
être bien su, on s'assurera que les élèves le

possèdent réellement, en leur faisant lire l'exercice supplémentaire n° 2, à la fin du volume. Ne passer à un autre ₰ que quand le précédent est bien su.

Consonnes Mineures et Majeures.

p, r, s, t, v, x, z.

P, R, S, T, V, X, Z.

Épeler, puis lire.

PA	pe	pé	pè	pi	po	pu	pa
RU	ro	ri	ré	rè	re	ra	ru
SO	sé	su	si	se	sa	sè	so
TE	ti	tè	tu	ta	té	to	te
VÉ	vè	ve	va	vo	vu	vi	vé
XÈ	xu	xa	xo	xé	xi	xé	xè
ZY	za	zo	ze	zu	zè	zé	zi
S'A	t'ê	s'é	t'è	s'i	t'o	s'u	t'a

§ II.

Epeler, puis lire.

Papa, pape, pope, parité, patate, pâte, pâté, pâtée, patène, patère, pépie, piano, piété, pipée, pirate, piraterie, pitié, pituite, poète, potée, poterie, purée, pureté.

Raïa, rape, rapure, rareté, rate, rature, rave, ravine, repère, rêverie, revue, ripopée, rive, rivière, rixe, rizière, rôtie.

Satinade, satire, sape, savate, saturé, saveté, séparé,

siroté, situé, sêve, sévérité, sire, site, suée, suie, supériorité, sûreté, suture, su, sué, suivi, suavité, sèxe.

Tape, tare, tarière, taxe, tête-à-tête, tiare, topaze, à tue-tête, tuerie, tapé, tapi, tapoté, taré, tari, tâté, taxé, tenu, tiré, tué.

Utopie, uvée, urate, utérine, utile, unité, utilité, uranote, Uranie, ure, unanimité, urane.

Varié, vanité, variété, vénéré, venu, vêtu, vénérie,

vérine, vie, vipère, vote, vue, vite, vive.

Xénie, boxe, boxé, luxe, luxé, fixe, fixé, fixité, maxime, moxa, zéro, zèle, zélé. zoïle, zibeline, zône, zizanie, mélèze, amazone, alizé, alize.

§ III.

Je me lave la tête. Je te pare. Je le dépare. Je le tire. Je te retire. Je rêve à ma mère. Irènée a ôté de la farine. La parure de topaze a été déparée. Valère ira à la pipée.

Ma pipe a été dorée. J'ôte de là le zéro.

La lune sera levée. Je pile une lazulite azurée. Le pirate a été détenu. Anatole a été volé. Sabine a été punie. Sidonie se parera de sa robe de mariée. Marie lavera la robe d'Apoline. René ira à Rome. Papa a fumé une pipe de vérine. L'ironie de Romarie m'a véxé. La diète a délibéré. Ovide rêve à la marine.

Zoé défera sa palatine. Eléonore se revêtira de sa

robe de bure. Jérôme ira à l'étude. Maxime retirera sa parole. Le poète a subi la rime de sévérité, sérénité; d'épopée, épée ; de matière, lumière. Valéri lira le volume d'Ovide. La famine amènera la débilité, l'atonie.

§ IV.

Le pari de Valéri a été tenu. J'imite ma mère. Je rève à la solitude. Anatole a été badiné. Je fixe le modèle. Je fixe la rame. La lune sera élevée. Béniti a tué une vipère

Le poète a évité la rime de doré, doté; de élaboré, élevé; de luxé, marié.

Tite a buriné une topaze dorée. La zizanie sera semée. L'élève zélé lira vite. La marée sera élevée. Irénée avale sa salive. L'épave va à la dérive. Marine a ri de la vanité d'Apoline. Le poète a réitéré la rime de latitude, solitude; de luxure, nature; de bévue, revue. Sabine a été véxée. La taxe sera élevée.

Adélaïde fera une miniature. Lazare a tenu le pari de Valère. Jérôme a vu Anatole à l'étude. La zibeline a été tuée. La taxe a été fixée à une obole, à la majorité.

§ V.

Ta fière dureté a rebuté sa vive amitié. Sa timidité dénote sa naïveté. La vile avarice de Lazare sera punie. Ta fatuité a suivi ta vanité. Sa piété révèle sa pureté. Sa familiarité joviale a été, sera tolérée. Je devine sa moralité à sa tenue sévère.

Sa piété filiale lui a valu la libérale amitié de Madame de de la Rubanerie. Ta témérité réitérée te sera fatale. Sidonie a débité la parodie du poème de Maria. Le ratafia avarié sera dépoté. Azélie lui a doré la pilule. Une olive lui a été dérobée. Le pape vénéré a paru la tête revêtue de la tiare.

A la fête d'Ovide, la maturité de l'aveline sera déjà opérée. La naïveté de Lazare a déridé la mine sévère de l'avare. Dépote le tafia. Le poète a rejeté la rime de dilaté, ranimé ; de rivé, taxé ; de réuni, tiédi. La zibeline a été retirée vive de sa tanière.

§ VI.

L'avanie d'Irénée à Maxime a été suivie d'une subite inimitié, suivie même d'une rixe. Fare a épelé : Alize, alexitère, amazone, sèxe, inaliénabilité, étamure, ina-movibilité.

Marine a avalé une pilule ; le remède a opéré : la malade

a été vivifiée. La rareté de la marée m'a été fatale. La marine a été relevée; la féodalité, ruinée, la vénalité limitée. Serène a épelé, lu, relu la série : lire, relire, luire, reluire, dire, redire, médire, réduire. Une si rare et tiède matinée d'été, de la zône boréale, m'a ranimé.

Une rude rafale a rejeté de la rade le navire du pirate. Je sème du sené, du sénevé, une valériane, une rubéole, une ixia, une rave. J'étudie l'anatomie. J'examine le site de la filature ruinée. René m'a retiré de la solitude de la savane.

§ VII.

La limonadière a débité de la bière, du ratafia, du rapé, de la ripopée ; la même dame a ramené de la poterie, du bitume, de l'émeri, une lanière, une rape, une tine, de la tôle, de la levure, de la tuile, une virole, une volière ; sa mère a étalé de la bure, de la buratine, une tire, de la satinade, du madapolame ; le père a lui-même débité de la marinade, de la matelote, de la panade , du pâté , de la purée, de la rémolade, de la tétine, du rôti.

Romarie a dénaturé le solo de la sonate, dénaturé même le duo de la sérénade.

Le poète a répété la rime de pituite, réduite; de réduire, reluire ; de puérilité, dilatabilité ; de nuire , luire ; de latitude, similitude. Je sème une rizière, une sapinière, une pépinière. Tite a déparé l'épure de la volute. L'Arabe a tiré de sa viole une note sonore : le fa dièze.

§ VIII.

La lumière zodiacale se ravive, se ranime. Édèze a étudié l'épidémie de la variole, de la petite vérole, étudié même une épizootie. Apoline a ruiné sa mère à la loterie. Je varie le panorama, le néorama, le diorama.

Ma mère a médité le volume, le tôme, l'épopée, la maxime,

le paradoxe, l'utopie, la parodie, la satire, la tirade du
poème. Zoé a débuté à l'opéra.
Fare a réuni l'aménité, la
sérénité, la naïveté de Zozime,
à la politesse, à la libéralité, à
la moralité, à la piété, à la
pureté d'Irénée.

Sa parole s'anime, sa rate
se dilate. Je médite de lire
Bèze, Bude, Dalémile, Daru,
Diodore, Emadi, Emili, Epi-
ménide. La ravine a tari. Le
repère a été fixé. La pîle sera
rebâtie. La période dure.

L'olivète lèvera. La nature se ranime. La parade défile.

§ IX.

La sirène a lutiné la naïade. Je me rebute de lire, Foote, Jove, Lami, Leti, Menedème. Je ramène Maria de Suède à Tolède. Je me tue à lire, à relire Molière, Molina, Moréri, Ovide.

Edèze a bu la buire de bière. Je tirerai le numéro de loto, le numéro de loterie. Maria a sali le sofa. J'examine l'épi, le fétu, l'étamine, la fève, la féverole.

Tite a vu la papèterie, la paneterie, la rubanerie, la tuilerie, la saline, la mine, la minière. Zoé a relu le libéra, la litanie, le lavabo, la jérémiade. Eléonore a revêtu sa palatine de zibeline.

Jérôme a réuni la futilité, la témérité, l'avarice, l'avidité de Romarie, à la fatuité, à la puérilité, à la vanité, à la mutinerie de Zozime. Le rù sera aleviné. La rotule a été luxée. Salomé a bué, lavé, relavé sa robe, sa jupe, sa pélerine. Je révère, je vénère Marie, ma Mère.

§ X.

Si la volubilité de la parole lui a été dévolue, le joli sèxe a été doté de l'amabilité. Je me ranime à lire Pope, Porée, Sadi, Sotade, Suétone, Timée, Tite-Live, Maxime, Vanière, Vida, Zéno. Une nuée a dérobé à ma vue le météore si rare du parélie radié.

La robe de Zénaïde date

déjà de mode, Beniti, le bêta, a répété une banalité, une bévue, une naïveté, une redite, une radoterie, une ânerie. La lumière boréale pâlie, raréfiée, m'a paru dorée. La tête d'Irène a été parée du diadême ; de même, la tête de Zarine, de Zénobie.

Salomé a tué une vipère. La timorée Zénaïde a révélé la vérité. Le vote, à l'unanimité, a rejeté la taxe. Le poète a répudié la rime de pâte, patate ; de palinodie, piraterie ; de retiré, rêvé ; de ricané, reviré; de pâli, tari.

§ XI.

Le rare météore le parasélène a été vite dérobé à ma vue. Marie sera revenue nu-tête. Maxime a évidé le tube de mélèze. Le modèle de tulipe a été imité d'une manière rare.

Le tore de la pile latérale se détériore. Ta tirelire se vide. Beniti a réparé la pédale du piano. Le diadème a paré la tête d'Abia, de Bara (à Sodome), de Démarate, de Juba (de Numidie), de Mérovée, de Nivé, de Silure, de Tibère, de Tiridate, de Tite.

Le tibia se sera déjeté. Le navire a subi une avarie. Ma tabatière se vide. La rue fétide sera repavée. La ruade a été vive, rapide, subite. Eléonore a sali sa robe de madapolame, sa jupe satinée, sa palatine à la mode. Le père de l'Arabe m'a paru ridé, tiré, ratatiné, livide, sale, même aviné.

La suave mélodie de Duni

m'a remué , m'a ému , m'a ravi.

5e LEÇON.

Se conformer strictement à la recommandation qui se trouve en tête de la leçon précédente, si l'on ne veut gravement compromettre le succès du Système. Les deux premiers paragraphes doivent être appris à la longue.

Cette leçon présente une difficulté provenant de la confusion qui naît du double effet des consonnes C et G sur les voyelles, des voyelles nulles, des voyelles euphoniques et des voyelles destinées à conserver l'effet rude des consonnes.

§ I.

Consonnes mineures et majeures.

c, g, q,
C, G, Q.

ca   co   cu

ce   cé   cè   ci   ceâ *

---

* Douceâtre.

ça** ço çu

ga go gu

ge gé gè gi

gea geo geu ***

gue gué guè gui gua

qua que qué què qui quo qû

qu'u qu'o qu'i qu'è qu'é qu'a.

Gué, Co, Gu, Qui, Ça, Geo, Qu'à, C'é.

§ II.

Çà, cacao, cacologie, caducité, caducée, cage, canicule, canonicité, capucine, caraco,

---

** C - cédile - a - ça.

*** Prononcez *ju* : gageure, mangeure, vergeure, égrugeure.

caracole, carapace, caricature, catégorie, cécité, cicérole, ciguë, cilice, cirage, coagulé, coco, cubage, curaçao, coriace, curage, acacia, agace, bague, décagone, dégagé, démagogie, démagogue, élagage, façade, fagotage, fugace, loque, gageure, caquage, logique, caque, caquetage, caquète, caquèterie, caraque, catalogue, catégorique, cigare, coque, coquerico, coquinerie, équinoxe, équipage, calorique, gerçure, marécage, mécanique , pique-nique , piqûre , rigolage , sagacité , cicérone , cicéro, cigale civique , gagea, geôle, geôlière, guêpe, guinée, guipure , agiotage , quête , ménagea, mucilage, naguère, négoce, gage, gagé, gagerie, geôlage , géologue , gigue , gué, qualité, quérie, quiétude, sarigue.

§ III.

De l'Amérique à l'Océanie, le pirogue vogua, navigua à côté de la galère. Le poème épique de Boniface ne le cède qu'à ta fugitive élégie. La cavale qui galope à mi-côte, a caracolé du manège, ici.

La façade de l'édifice sera décorée d'une cariatide de ce côté — là de même que de celui — ci. Le démoniaque a taquiné le maniaque: celui-ci a menacé celui-là qui a reculé à la minute. Ta camarade maladive a digéré une médecine qui l'a guérie.

A l'agonie, le démagogue a reçu le viatique. L'orage m'a décidé à élire domicile à la cabane du réfugié. Une calamite rapiècetée a été reléguée à la cale de la capitane. Pélagie a maculé le caraco de la ménagère. La vivacité, l'agilité du pédagogue déjà âgé, lui ménage une caducité reculée.

§ IV.

Le cicérone m'a guidé à ce café; la sapidité délicate du moca qui, déjà, m'a regalé ici, me dirigea de ce côté. Ta cavatine légère le cède à ta fugue originale. Ce camée violacé a décoré la bague de l'Aga.

Le tapage de la tabagie a cédé à la menace du juge. Le calorique que dégage ce calorifère économique, dégèle déjà le liquide de la carafe cônique. La cupidité de Pacôme égale l'économie de Céline.

Je te félicite de ta sociabilité, de ta véracité, de ta docilité à l'école. La médecine m'a guéri de ma cécité. Le géologue a rédigé, copié, recopié une géologie, de même qu'une zoologie.

Ta pièce bucolique qui m'a été récitée, recèle l'apologie de ta ménagère. Une ligature m'a guéri d'une légère piqûre de guêpe. Le pédicure a décidé que la levée de ce topique sera reculée. La colère satanique de la mégère l'a égarée.

§ V.

Décoré de sa toge, orné de sa toque, le juge qui a siégé, a jugé que la requête, que le cité a rédigée ne dégagera celui-ci, ni même ne reculera l'époque de l'étude du litige.

La panique générale qui a égaré la milice régulière de l'Aga, l'a décidé à la levée du siége. Ce maniaque de la Guinée fumigera, macèrera, cuira, recuira une gigue de la girafe qui lui a été cédée.

Nicodème que je loge à ma baraque du rivage, me menaça de nuire à la cabane, si je ne le régale de potage le samedi! Le comité a licité le modique apanage de Golo, légué à

Madame de Baziège, décédée à Bonifacio. Le pacifique curé a quêté, requêté même, à la Dédicace. Ça me fera une société. La vague dégagea la galère.

§ VI.

Le guide dirigea sa cavale du côté de ce gué. La régalade; le pique-nique, le gala, la noce qui a réuni ma société, a gêné celui qui l'a régalée. Madame la générale a gémi de ce déni juridique.

Boniface a copié une mâle

figure de même qu'une délicate figurine. Je me félicite du mariage, de même que de la noce. Celui qui vivote de régime, qui, déjà, ne digère guère le potage à tapioca, de même, ne digèrera guère le potage à cicérole, ni le macaroni.

Celui-ci me taquine, celui-là me reluque ; ceci me menace, cela me fatigue. La gêne a été reléguée de ce ménage. Le guide a gîté à l'écurie de sa cavale. Côme a cubé la cuve, de même que la cave de la cure. A gogo, Géneviève a ricané de Céline qui suça, qui suçota une figue gâtée.

§ VII.

Ce canari me fatigue de ce même ramage. La cane qui a caqueté, nagé de çà, de là, a égaré sa géniture. Celui-ci se' moque, celui-là ricane de ta ridiculité.La médecine inocule la matière variolique coagulée.

La cane-petière se régale de céréale. La ménagerie a

reçu, d'une caravane arabique, le mococo, le macaque (le macaco) de même que le féroce vari. Une volage agace, évadée de sa cage, m'a dérobé une agate, une bague, de même que le camée de ma nièce. Ça ménagea la pièce de Lucile.

La limace n'a ravagé ni ma capucine, ni ma ciguë, ni ce céleri. Ma figuerie n'a guère été gelée, ni même ma caféière. Félicie n'a décapité qu'une puce. Le coati que Félicité a recédé à Monique, n'a guère de vivacité. Gélazie ne va qu'à la gare.

§ VIII.

Célina ne rêve qu'éloge, qu'apologie, qu'élégie, qu'apologue, que comédie. Ma nièce décédée me légua ce tapecu, une citadine, une guitare, une caque de cumière, une cafetière, une gibecière. Boniface ne nagea guère qu'une minute.

Pacôme n'a reçu ni sa caque, ni sa cuve, ni même sa civière. Dominique ne rêve qu'équivoque , qu'équipée , qu'iniquité. Le cénobite malade suça la légère racine cuite qui lui a été ménagée. Le caraïbe suçota une vivifique médecine liquide , ce qui le dégagea, ce qui l'a guéri.

Célénie n'épilogua ni l'apologue, ni la poétique, ni l'épilogue, ni la cacologie de Nicomède. Dominique gagea que Côme nage déjà ; sa gageure a été légitimée. Nicomède a mitigé sa carafe de curaçao. Pélagie ligua sa coterie de manière à nuire à ma sécurité, à ma quiétude, à ma félicité.

§ IX.

Ce liquide acidulé m'a agacé une canine gâtée, cariée. Gélazie m'a régalé de coco, de figue, de café. Ta nièce a gémi de la cupidité, de la rapacité, de l'iniquité que, déjà, Véronique décèle.

Une ménagère qui se pique d'économie, t'écume, t'éxécute écu à écu. Ce qui me fatigue, t'agite; ce qui te pique, me taquine. Je liquéfie de la gélatine. Sage, ménagère, économe, ta mère rapièce une guipure, récure une cafetière, cire, aère sa cabane.

D'une agace dure, d'une pie coriace, Luce a retiré ce potage qui, ni écumé, ni déféqué, l'a régalée. Si celui qui t'a taquiné, picoté, piqué, récidive, je le menace de ma colère. Nicomède relégua à l'écurie la capote que sa nièce lui a rapiècetée ; ce sera à celui qui gîte à côté de la cavale. Ce dogue féroce écume de rage.

§ X.

Ce démoniaque m'a menacé de cabale, de magie, de maléfice. L'acacia que Dominique a écimé, ne végète guère. Cécile cajole la lice ; Gélazie câline la doguine. Le suicidé a été relégué à la la limite du cimetière.

Naguère, la milice civique a été réquipée. Géneviève se régale à gogo, d'une capide de gelée. La digitale m'a guéri de la colique. Ménage le modique revenu que ta nièce te légua. Délogé, déménagé de ta cabane, Nicomède se logea à ma baraque. Le curé de Bonifacio a vicarié à Bonifacio même. La cabane évacuée, Félicie, vite, s'épuça.

La caquèterie satirique, taquine, ridicule, de Cécile, fatigua sa camarade unique qui la relégua de sa société. Véronique a gâté sa cape, sa capuce, sa capeline; maculé sa capote, sa toque, sa guipure, lacéré un lé de sa gaze. Ta gélatine ne figea guère vite.

§ XI.

L'imagère logea une bique à sa bicoque, à côté de ce bocage. Je ne me remémore guère la face, la figure, l'image de ma nièce décédée. La race canine de l'économe dégénère. Léocadie bagua sa robe de barège de même que sa cape de piqué.

Le calife a reçu la caravane que le mage a dirigée, que le cadi a jugée, que l'aga a dégagée. Le doge gêna, menaça la Sicile. Ce nuage coloré se décolore. Le lunatique divagua, le démagogue politiqua, le fanatique se suicida.

Je qualifie de satanique la catégorie du suicide, du sororicide, du régicide, du déicide. Le déluge a été une calamité générale, à l'époque de Noé.

La comète se dirigea du périgée à l'apogée. Célinie colorie une image. La guérite de cavalerie a été reculée, calée, coloriée.

§ XII.

La galère a navigué du Méxique à la Patagonie. La capucine de sa carabine a été cotée à une guinée. L'équipage féroce de la caraque jugea, exécuta la vigie, de même que le coque. Le comité me délégua à la lugubre cérémonie.

Relègue, répudie ta moquerie, ta ricanerie, ta taquinerie; Félicie relèguera, répudiera sa câlinerie, sa cajolerie, sa vivacité, sa légèreté. Lucie m'a guidé de la Galice, à la Galicie; de la Galicie, à la Galilée; de la Galilée, à la Guinée; de la Guinée, à la Guiane; du Canada, à Cuba.

Pacôme a navigué de l'île de Sicile à l'île de Dago; de l'île de Dago à Cérigo; de Cérigo à Macao; de Macao à Gorée; de Gorée à Socotora; de Socotora à la Jamaïque, de la Jamaïque à Curaçao, de Curaçao à la Calédonie, de la Calédonie à

Iviça. Nicole m'a mené de Bonifacio à Lucé, de Lucé à La Roque. La sarigue, que Dominique a reçue d'Amérique, a été cédée à Nicomède qui l'a recédée à Dominique.

6e LEÇON.

Se conformer strictement aux prescriptions exprimées en tête des leçons précédentes, pour les deux premiers paragraphes.

§ I.

Consonnes mineures et majeures.

h, k,

H, K.

cha che ché chè chi cho chu

pha phe phé phè phi pho phu

gna gne gné gnè gni gno gnu

ka ke ké kè ki ko ku

ha he hé hè hi ho hu

GNO, PHI, CHA, HÉ, KU.

§ II.

Chape, châle, charivari, chevelure, chicane, acheminé acheté, achevé, bachique, déchirure, duché, échinée, jachère, chopine, charité, chuchoterie, nichée, choqué, charade, chute, chimère.

Phénicie, phénomène,

Philomèle, phoque, phiole, phonique, phocide, diaphane, éphémère, pacha, épitaphe, métaphore, colophane, cacophonie, phare, bucéphale, cénotaphe, sopha.

Cigogne, cognée, guigne, bénigne, duègne, Pologne, Sologne, Catalogne, ignominie, malignité, rognure, Digne, lignage, signature, dignité, magnanimité, bénignité, cocagne, maligne.

Kinine, kagne, kilo, kali, kiliare, kilogone, kogia, ko-lao.

Hilarité, homologue, huée, huilerie, huguenoterie, humidité, huile, humilité, homélie, homocule, habile, habitude, haïe, hâle, hérétique, hie, homicide, héroïne.

§ III.

Ce riche cénotaphe a reçu une épitaphe métaphorique. Philomène achète cachemire, sopha, calèche, cela la ruinera. Philogène achètera le béchique que je lui signale, cela le guérira de sa coqueluche. Véronique a suracheté ce magnifique châle, ce riche cachemire. Une cigogne a niché à la cîme d'une roche, à la vue du phare.

La vachère échevelée qui hogne sa vache, s'achemine du côté de sa cahute. Ta lice si maligne a débuché la biche signalée, de même que le hère qui a gagné le bocage.

Ignace a châtié une koba, une vigogne, une guenuche ; chacune regagna sa cahute. Ce lâche homicide lui hâtera l'ignominie du bagne, si même la hache ne lui détache la tête. La malignité de la bête chevaline que je châtie, m'a été signalée.

§ VI.

Honoré a huilé chaque bêche, chaque hache, chaque cognée, chaque pioche. Je détache ma haquenée de la bâche du coche. Le phibalure de ma huitième nichée se juche déjà. Le père de Dominique a pêché le phoque, l'ophicéphale, le kacho, le phocène ; une horiole chargée de marée a chaviré.

Eloque achèvera, à l'évêché, la chape panachée de l'Epiphanie. Ce philologue m'a honoré d'une pièce inédite, relative à la Phénicie, à la Phocide, à l'île de Sériphe, à la cité de Phalère, de Céphalonie.

L'hôtelière qui m'a logé à Bologne, a habité Digne, Cologne, la Bohême, la Pologne, la Sologne de même que la Catalogne. Le pédicure a chopiné à chaque cure si facile; cela a répugné à Epimaque. Le caniche lèche la face de celui qui l'a châtié.

§ V.

Ma chère petite Sophie a déchiré sa galoche, sa cape de peluche chinée, de même que le fichu que sa mère lui a acheté à La Charité. Philogène a séché l'épiphore qui m'a gêné; de même que guéri une hémalopie. Le coche m'a cahoté de Digne à Cologne. Une hépatite chevée, qui décore la chevalière de Zéphirine a été détachée de la bague du pacha. Ignace n'exige ni que je sache, ni que j'étudie l'origine du phénomène du halo, ni même que je sache la nature de la matière- chevelue, phénoménale, du père de la lumière, matière chevelue dite héliocomète.

Le digne hôte a tiré, de sa huche, une miche, une hure, de l'échinée, une phiole de pure huile d'olive. Bocagère Philomèle, hôte de la futée, ta mélodie chérie a ravi l'âme bénigne de ma chétive nièce.

§ VI.

Le caniche de la revèche duègne a été échiné. Le mobile a ricoché. Honoré a été châtié, vu sa chicanerie, sa fâcherie, sa malignité, sa lâcheté. Photogène signifie matière de la lumière. Le phé habite la Sibérie ; le koala à poche habite la zône de la ligne équinoxiale.

Ma mule mâche, remâche une hémionite. Dominique ne

bêche, ne bine, ne pioche ni le phu, ni l'hépatique, ni le philétère.

Monique a rogné ce magnifique héliophile. Homotone ne signifie guère que monotone. Celui-ci pignoche, celui-là mâche d'une manière ignoble. Philogone hérita d'une bobêche, d'une bûche, d'une chocolatière, d'une chopine, d'une ruche, d'une sacoche.

Celui-là chicane, celui-ci chicote. Je dévide une échée, une écagne, une échignole.

Je repique, j'aligne une échalote, une échinophore, le phaca, le philoxère, une pholidie.

§ VII.

La salade de chicorée ne me répugne, ni même la salade de mâche. Philogène n'a ni signé, ni paraphé, ni cacheté, ni décacheté ni recacheté la pièce, ni renié ni sa signature ni le paraphe. Véronique n'ignore ni ce que signifie périhélie, ni ce que signifie aphélie.

Zéphirine a mâché une guigne sèche. Ignace a hié le pavé ; la hie de chêne lui a fatigué l'échine. Je signale une anomalie phonique. L'élève qui ignorera le vice, sera chéri de Marie.

La cigogne habite ce parage humide. Ce digne évêque a l'âme magnanime. La hache hachera ce chêne. Ta vigne sera magnifique. Le bucéphale de ma petite hôtelière a la ganache déchirée. Celui-ci hume l'épinoche, celui-là hume le moka. Si Hélène cache la colophane de Philogène celui-ci se fâchera. Sa chute l'a échiné ; sa rechute l'a achevé.

§ VIII.

Je hache de la chicorée hâtive. Si ce nuage se décore de l'image de la lune, ce magnifique phénomène sera le parasélène. Le léxique académique te dira ce que signifie épiphônème, de même que métaphore, de même que cacophonie. Ignace a gagné la

ure fixée à la cime de la cocagne que l'on a élevée à la
ête.

Je parachève ma charade.
a rabâcherie, le rabâchage
e celui qui a rabâché la lignée
e sa mère, la race de sa mère,
le lignage de sa mère m'a
fatigué, ahuri, hébété. Epimaque a gagné une taloche,
vu la récidive de sa chuchoterie à l'école.

Ta pièce bachique n'a
qu'une vogue éphémère.
Détache le dogue, Sophie dé-

tachera la doguine, Honorine lâchera la babiche. J'achève une académie acéphale.

§ IX.

Aérophane ne signifie guère que diaphane. Zéphirine a déchiqueté une rognure. Une atalaphe a été denichée. Hélène a déchiré la huitième page de l'apophorète que Philomène a acheté. Eloque m'a habitué à la chuchoterie à l'étude.

Monique n'a été chiche ni de métaphore ni d'épiphonème. Philogone n'a la parole ni sonore ni facile, ce qui dénote une azaphie.

La médecine n'a guèri ni ta céphaloponie, ni ma céphalée. A la huitième ligne de ce boléro, je signale une diaphonie, de même qu'une paraphonie. Le remède diaphorétique a hâté une diaphorèze qui ma guéri.

L'atalaphe a avalé le phalène. Zéphirine a reçu de Véronique une halenée fétide, méphitique. Honoré me rabâche une homélie hétérodoxe, hérétique. Cache ta figure rechignée. J'ignore la maréchalerie.

§ X.

Le zèle séraphique du Néophite ne sera ni ignoré ni éphémère. Achève la périphérie de ce kilogone. Philomène se relâche de sa charité. La pièce que Dominique a signée, a été homologuée.

Le philologue n'ignore ni la cataphonique, ni la céphalalogie, ni la phoronomie, ni la photologie, ni la phénoménologie. A la Chine, la populace, de même que la milice, honore le Ko-lao. Hélène machine une maligne niche. Philogène a été humilié de la huée, de la huerie, du charivari, de l'ignominie qui a été machinée à l'époque de sa venue ici.

Honorine m'a chéri. Sophie m'a haï. Tache que la bénignité modère ta fâcherie, ta colère, ta chicanerie, ta malignité. Sa charité ignore ta lâcheté. Le péché lui répugne. Ta maligne nièce, Ignace, a bu, avec Honorine, une demi-chopine de pure huile, ce qui a calmé sa coliqu'. Sa dignité élevée, égale sa magnanimité héroïque. Ma chère Zéphirine a hérité, de sa mère, d'une humilité séraphique.

Chétive, rachitique, Philogone périra de sa coqueluche. Ma Sophie chérie, a hérité de sa digne mère, d'une charité, d'une humilité signalée. Madame la maréchale habite le duché de Bade.

Madame la sénéchale a habité la Sologne. Hélène a été une héroïne. Monique a la figure hâlée. Dominique a péri du phagédiane, Arrivé à la série : pharaone, pharame, pholade, pholadite, pholadomie, Épimaque a ahané.

Ma haquenée a la maladie dite phazala. Le digne évêque a regagné l'évêché.

Séraphine a regagné la Romagne, à la hâte.

Exercices sur les caractères majuscules.

CE RICHE CÉNOTAPHE A REÇU UNE ÉPITAPHE MÉTAPHORIQUE.

IGNACE A CHATIÉ UNE KOBA, UNE VIGOGNE, UNE GUENUCHE ; CHACUNE REGAGNA SA CAHUTE.

BOCAGÈRE PHILOMÈLE, HOTE DE LA RAMÉE, TA MÉLODIE CHÉRIE A RAVI L'AME BÉNIGNE DE MA CHÉTIVE NIÈCE.

HONORÉ A ÉTÉ CHATIÉ, VU SA CHICANERIE, SA FACHERIE, SA MALIGNITÉ, SA LACHETÉ.

LE PHÉ HABITE LA SIBÉRIE; LE KOALA A POCHE HABITE LA ZONE DE LA LIGNE ÉQUINOXIALE.

JE REPIQUE, J'ALIGNE UNE ÉCHALOTE, UNE ÉCHINOPHORE, LE PHACA, LE PHILOXÈRE, UNE PHOLIDIE.

IGNACE A HIÉ LE PAVÉ; LA HIÉ DE CHÉNE LUI A FATIGUÉ L'ÉCHINE.

CELUI-CI HUME L'ÉPINOCHE, CELUI-LA HUME LE MOKA. SI HÉLÈNE CACHE LA COLOPHANE DE PHILOGÈNE, CELUI-CI SE FACHERA.

SA CHUTE L'A ÉCHINÉ; SA RECHUTE L'A ACHEVÉ.

LE LÉXIQUE ACADÉMIQUE TE

DIRA CE QUE SIGNIFIE ÉPIPHO-
NÈME, DE MÊME QUE MÉTAPHORE,
DE MÊME QUE CACOPHONIE.

ÉLOQUE M'A HABITUÉ A LA
CHUCHOTERIE A L'ÉTUDE. CACHE
TA FIGURE RECHIGNÉE. HONORÉ
ME RABACHE UNE HOMÉLIE HÉ-
TÉRODOXE, HÉRÉTIQUE.

A LA CHINE, LA POPULACE, DE
MÊME QUE LA MILICE, HONORE
LE KO-LAO.

PHILOGÈNE A ÉTÉ HUMILIÉ DE
LA HUÉE, DE LA HUERIE, DU
CHARIVARI, DE L'IGNOMINIE QUI
A ÉTÉ MACHINÉE A L'ÉPOQUE DE
SA VENUE ICI.

A LA HUITIÈME LIGNE DE CE
BOLÉRO, JE SIGNALE UNE DIA-
PHONIE, DE MÊME QU'UNE PARA-
PHONIE. ACHÈVE LA PÉRIPHÉRIE
DE CE KILOGONE,

Exercices sur les caractères italiques.

Ce riche cénotaphe a reçu une épitaphe métaphorique. Philomène a acheté cachemire, sopha, calèche, cela la ruinera. Philogène acheta le béchique qui lui a été signalé, cela le guérira de sa coqueluche.

Véronique a suracheté ce magnifique châle, ce riche cachemire. Une cigogne a niché à la cime d'une roche, à la vue du phare.

Ignace a châtié une koba,

une vigogne, une guenuche ;
chacune regagna sa cahute.

Bocagère Philomèle, hôte
de la ramée, ta mélodie chérie
a ravi l'âme bénigne de ma
chétive nièce.

Honoré a été châtié, vu sa
chicanerie, sa fâcherie, sa
malignité, sa lâcheté.

Le phé habite la Sibérie ;
le koala à poche habite la zone
de la ligne équinoxiale.

Je repique, j'aligne une
échalote, une échinophore, le
phaca, le philoxère.

Ignace a hié le pavé ; la hie de chêne lui a fatigué l'échine.

Le léxique académique te dira ce que signifie épiphonème, de même que métaphore.

Exercices sur les majuscules italiques.

—

CELUI-CI HUME L'ÉPINOCHE, CELUI-LA HUME LE MOKA. SI HÉLÈNE CACHE LA COLOPHANE DE PHILOGÈNE, CELUI-CI SE FACHERA.

JE HACHE DE LA CHICORÉE HATIVE. SA CHUTE L'A ÉCHINÉ; SA RECHUTE L'A ACHEVÉ.

IGNACE A HIÉ LE PAVÉ; LA HIE DE CHÊNE LUI A FATIGUÉ L'ÉCHINE.

Exercice supplémentaire n° 1.

(2me Leçon.)

Mu né li je fo dè ba

ni LE jo fè da bu mé

lo jè FA du bé mi ne

ja fu dé BI me no lè

fé di be mo NÉ la ju

de bo mè na lu JÉ fe

bè ma nu lé j'i fe DO

Exercice supplémentaire n° 2.

(4me Leçon.)

RO te xi pé vu za sè

ti XÉ pu va zè so re

xu pa VÈ zo se ri té

pè vo ze SI ré tu xa

ve zi sé ru TA xè po

zé su ra tè xo PE vi

sa rè to xe pi vé ZU

ERRATA :

Page 12, supprimez : s'é, t'ê, T'A, S'O.

— 16, supprimez : Remi, Sabine.

— 39, lisez : ZI.

— 54, lisez : Je tire le numéro.

— 61, lisez : cédille.

— 63, lisez : la pirogue.

— 86, lisez (2 fois) : acheta.

— 91, lisez : hôte de la cép

SEDAN. — IMPRIMERIE DE G. DEMEURAT.

www.ingramcontent.com/pod-product-compliance
Ingram Content Group UK Ltd.
Pitfield, Milton Keynes, MK11 3LW, UK
UKHW022056070726
13613UKWH00002B/827